EDUCAR INSPIRADOS EN JESÚS
Crianza con amor, límites y sabiduría

Teresa Whitehurst, Debbie Haskins y **Al Crowell**
Adaptación a cargo de Alicia Casas y Nora Redaelli

Edición Programa Claves-JPC Uruguay

**Educar inspirados en Jesús.
Crianza con amor, límites y sabiduría**

**Título original: Padres cristianos y no violentos.
Decisiones acerca de la crianza cristiana**

Autores:
Teresa Whitehurst es madre y obtuvo una licenciatura, y posterior doctorado, en psicología clínica. Se ha especializado en niñez, parentalidad y relaciones intrafamiliares. Es autora de *Jesus on Parenting: 10 Essential Principles That Will Transform Your Family* (*Jesús y la crianza de los niños. Diez principios esenciales que transformarán a su familia*).

Debbie Haskins es madre de cinco hijos biológicos y dos adoptivos; abuela adoptiva de cuatro nietos, y líder de grupos de adolescentes y familias en su iglesia. Escribe artículos sobre niñez para revistas especializadas.

Al Crowell es padre y psicólogo especializado en terapia de parejas y familia. Es autor de *I'd Rather Be Married: Finding Your Future Spouse* (Preferiría estar casado: La búsqueda de pareja) y *Love in the Trenches: A Couples Guide to Transforming the Power Struggle* (*Amor en las trincheras. Una guía para parejas sobre cómo transformar la lucha de poder*).

Adaptación de la obra original con permiso de Al Crowell
alcrowell@sbcglobal.net

Edición y corrección:
Alicia Casas, Doctora en Medicina. Especialista en Psiquiatría. Sexóloga clínica. Cofundadora y Coordinadora académica del Programa Claves.
Nora Redaelli, Traductora Pública. Docente.

1ª edición: marzo 2020
ISBN:978-9974-8773-0-6

Publicado por Claves® © 2020

Diagramación y diseño: Hugo Ferraro
Diseño de tapa: mural comunitario realizado por Iglesia Cristiana Evangélica en Espronceda 2263. Montevideo.

Programa Claves. JPC Uruguay
Sede JPC: Manuel Acuña 3033. Montevideo, Uruguay.
Claves: Ruta Interbalnearia, km 23.5, Cno. "Gonchi" Rodríguez
(1200 m en dirección norte), C.P.: 15.005 Solymar Norte,
Canelones, Uruguay Tel.: (+598) 2695-8981 | claves@claves.org.uy
www.claves.org.uy

CONTENIDO

Para el Programa Claves es una satisfacción presentar esta guía, que se encuentra en sintonía con el trabajo desarrollado en la promoción del buentrato hacia la infancia, en diferentes países de América Latina y El Caribe. Agradecemos a los autores su generosidad y su permiso para editarlo y adaptarlo a nuestro contexto. Creemos que su aporte será una bendición para las familias y todos los que crían niños y niñas en las diferentes comunidades de fe a lo largo del continente, y que desean sinceramente seguir a Jesús en todas las áreas de la vida.

Dra Alicia Casas. Psiquiatra.
Coordinadora académica del Programa Claves

El propósito de esta guía es brindar información y orientación práctica y sencilla a madres, padres y a otras personas que colaboren o tengan a su cargo el cuidado de niños y niñas.

Aunque la guía fue elaborada pensando en madres y padres que pertenecen a comunidades de fe cristianas, la información y las recomendaciones prácticas y bien fundamentadas sobre las diferentes etapas del desarrollo de los niños –desde el nacimiento hasta el final de la adolescencia– pueden ser implementadas en cualquier familia, con independencia de su religión o cultura.

Educar y disciplinar sin recurrir al castigo físico: un principio fundamental de esta guía

Una pregunta que aun hoy se escucha a menudo es por qué no se considera aceptable el castigo físico como forma de disciplina. La respuesta proviene tanto de estudios con base científica como de la experiencia de infinidad de familias y educadores a lo largo del tiempo. Pero más importante aún, es que el castigo físico contradice el modelo de relaciones que Jesús experimentó y enseñó.

El castigo físico, es decir, provocar dolor intencionalmente para detener una conducta, en general por parte de un adulto enojado, no es una experiencia educativa para el niño o niña, ya que no es una estrategia que provoque la reflexión. No permite conocer la razón de una conducta errada ni motiva a generar controles internos. Tampoco ayuda a verbalizar las emociones o las acciones, ni estimula a conocer y luego desear realizar la conducta adecuada. El dolor, el miedo y la humillación que provoca el castigo físico, es muy "efectivo "para detener la conducta que molesta al adulto, pero no educa. Lo mismo ocurre con el castigo emocional, cuando se utilizan palabras hirientes o humillantes con los niños.

Por el contrario, el castigo físico o emocional tiene consecuencias negativas. Por una parte, las niñas y niños pueden perder la confianza en sus padres; aprenden que es válido usar la fuerza para expresar sus sentimientos o zanjar discusiones; disminuye su autoestima y puede llevarlos a internalizar la peligrosa idea de que amar y lastimar son compatibles. Peor aún, muchas veces el castigo físico puede abrir la puerta a abusos más graves. En algunos casos, es causa de problemas *futuros en las relaciones con otras personas y en cómo se vive la intimidad sexual. Aumenta la posibilidad de sufrir enfermedades de diferente tipo, de afectar el aprendizaje, y de tener un desarrollo más frágil, aumentar el grado de infelicidad y disminuir la expectativa de vida.*

Para los cristianos, la manera de relacionarse con los demás, sean niños, adolescentes o adultos, está basada en el modelo de relaciones que Jesús mostró (y que sus padres terrenales tuvieron con él). Aun con nuestras imperfecciones, vivimos con ese modelo como meta. El castigo físico y emocional es totalmente contrario a sus enseñanzas y nos alejan de esa dirección.

Una aclaración importante para aquellas familias que quieren dejar de emplear el castigo físico: es posible cambiar la manera de disciplinarlos sin que los hijos se sientan confundidos o dejen de obedecer. Las investigaciones y la experiencia muestran que el resultado es altamente positivo: cuando un niño o niña se siente tratado con respeto y vive sin temor al castigo físico, su comportamiento mejora. Si los límites se mantienen de manera consistente, el cambio se vivirá como algo positivo y no producirá confusión.

Otra preocupación está relacionada con las opiniones de familiares y amigos que no están de acuerdo con la decisión de no castigar físicamente a los hijos. En ese caso, se les debe explicar con firmeza que, después de haberse informado, reflexionado y orado sobre este tema, ustedes han decidido actuar de la manera que creen más provechosa, eficaz y positiva para su familia. Se debe recordar que las discusiones acaloradas no logran cambios ni avances; es preciso explicar y ganarse la confianza de los interlocutores.

Educar inspirados en Jesús

A los padres, madres y a todas las personas encargadas del cuidado de niñas y niños:

Hoy en día, madres, padres y personas cristianas a cargo de la crianza y cuidado de niñas y niños enfrentan una decisión difícil: el corazón les dice que la guía paciente y bondadosa es la manera agradable a Dios de criar a los niños, pero, por otra parte, se les inculca la idea de que el castigo físico es necesario para educarlos correctamente. La interpretación de ciertos versículos del Antiguo Testamento que parecen recomendar el castigo físico, aumenta la confusión, de modo que los padres se sienten tironeados entre las enseñanzas misericordiosas de Jesús y las severas instrucciones incluidas en la ley Mosaica.

El ministerio de Jesucristo inauguró un nuevo tiempo para la humanidad y estableció una ley superior para la interacción humana, incluida, por supuesto, la interacción con los niños. «Así como yo los he amado, ámense también ustedes unos a otros» (Juan 13:34). En el Evangelio de Lucas, Jesús enseñó que más le valdría a alguien que «le colgaran al cuello una piedra de molino, y que lo arrojaran al mar, que servir de tropiezo a uno solo de estos pequeñitos» (Lucas 17:2).

Infligir dolor físico o amenazar con hacerlo no solo no es necesario, sino que es contrario a la manera en que Jesús trataba a la gente. Cuando los padres y madres educan a sus hijos sin castigarlos con la vara, los ayudan a madurar, haciendo posible que se conviertan en hombres y mujeres autodisciplinados y espiritualmente maduros.

Esta guía describe las etapas del desarrollo infantil, explicando los comportamientos y necesidades de los niños y niñas y cuáles son las expectativas adecuadas para cada etapa. Se incluyen, además, algunos consejos para poner en práctica una escucha atenta, comprender sus necesidades y sentimientos y aprender a poner límites razonables.

En el núcleo familiar, cuando las madres y los padres aprenden juntos a educar a sus hijos de manera correcta y respetuosa, todos los miembros del grupo familiar se benefician:

- la crianza conjunta favorece la relación de la pareja evitando disputas y reproches.

- la familia disfruta al observar el crecimiento y desarrollo de hija e hijos.

- se siembra la buena semilla de la cual nacerá una relación familiar afectuosa que durará toda la vida.

Les deseamos bendiciones en la sagrada responsabilidad y el maravilloso privilegio de criar a las niñas y niños que Dios ha puesto bajo su cuidado.

Los autores

Desde el nacimiento hasta los 8 meses[1]

Pues donde esté tu tesoro, allí estará también tu corazón.
Mateo 6:21

Las necesidades del bebé

Los padres o cuidadores le muestran diariamente su amor al bebé cuando atienden sus necesidades de alimentación, higiene y vestimenta, lo protegen de golpes o caídas y no dejan que se sienta solo o desprotegido. A partir de esta interacción entre el bebé que expresa sus necesidades y el adulto que las satisface se construye un vínculo de afecto profundo que se conoce como apego seguro: el bebé reconoce que siempre hay personas que lo ayudan a sentirse seguro, cuidado, ¡amado! Este vínculo establece la base afectiva para el resto de la vida de esa niña o niño, por lo tanto, fortalecer este vínculo de apego seguro debe ser la prioridad para padres y cuidadores.

No teman malcriar al bebé por brindarle toda su atención. El buen cuidado del bebé implica:

- consolarlo cuando llora;

- tratarlo con ternura: acariciarle la cara, la cabeza y las manos a menudo y hablarle con suavidad; jamás gritarle;

- abrazarlo cuando llora o requiere atención;

- decirle «Te quiero» con frecuencia. El bebé puede sentir la fuerza del cariño mucho antes de comprender el significado de las palabras.

Toda persona encargada de cuidar a un bebé debe saber que nunca se debe sacudir ni golpear a un bebé pues su cuerpo es frágil y delicado y puede sufrir lesiones graves.

---

1 Las edades indicadas pueden variar según el desarrollo y la madurez de cada niño.

Cuando un bebé llora, está pidiendo ayuda

El llanto es la única manera en que el bebé puede expresar una necesidad. No siempre es fácil saber por qué llora, pero los adultos deben darle la seguridad de que está cuidado a través de alguna de las siguientes acciones:

- **ofrecerle el pecho, el biberón, o el chupete**

- **cambiarle el pañal**

- **controlar que tenga la ropa adecuada: ni poco ni mucho abrigo**

- **mecerlo o acunarlo; tal vez, ofrecerle un juguete que le agrade**

- **abrazarlo y dejarlo acurrucarse en brazos protectores**

- **cantarle suavemente (esto tranquilizará al bebé y también a quien lo cuida)**

- **masajearlo suavemente, especialmente, en la espalda (esto puede aliviar los cólicos)**

- **controlar si el bebé tiene fiebre, si se lleva la mano al oído (puede indicar dolor de oído), o si muestra algún signo de enfermedad**

- **observar si le están saliendo los dientes y si tiene las encías inflamadas**

- **pasearlo, caminando o en cochecito (esto los ayuda a dormir)**

No levanten ni estén en contacto con el bebé cuando estén enojados o frustrados. Primero, deben tranquilizarse.
Si están por perder la calma, no duden en pedirle a alguien que los reemplace en el cuidado del bebé. Tómense unos minutos para descansar y relajarse; esa pausa será beneficiosa tanto para el adulto como para el bebé.

Oren por la vida del bebé y por el resto de la familia.

Un llamado de atención: el síndrome del bebé sacudido

Un bebé posee gran fuerza vital, pero su cuerpo es frágil y requiere ser tratado con especial cuidado

Los adultos que están a cargo del cuidado de un bebé deben saber que nunca deben sacudir al bebé en el intento de que deje de llorar. A veces, la frustración o impotencia pueden llevar al adulto a sacudir al bebé para callarlo, pero esto es extremadamente peligroso. El bebé puede sufrir lesiones graves que lleguen incluso a provocar su muerte; esto se conoce como el «síndrome del bebé sacudido».

En los bebés y los niños hasta los 5 años de edad, los músculos del cuello no son lo suficientemente fuertes para sostener la cabeza con firmeza. Así, cuando se sacude a un bebé, el cerebro golpea contra las paredes del cráneo, lo cual puede provocar lesiones cerebrales, muchas veces, graves. Uno de cada cuatro bebés que presentan el síndrome del bebé sacudido muere.

Se debe tener en cuenta que también una paliza puede provocar un efecto llamado «latigazo cervical»,[2] con las mismas consecuencias que el síndrome del bebé sacudido.

Nunca le pegue ni sacuda a su bebé. Esto también debe transmitírselo a la persona o personas que cuidan a su bebé o a sus hijos pequeños; no permita que nadie los sacuda o los golpee.

Consulte de inmediato al médico si su bebé ha sido sacudido. La atención temprana puede prevenir que el bebé sufra consecuencias posteriores.

---

2 Lesión en la región del cuello, frecuente en accidentes automovilísticos, a causa de una extensión y flexión forzada del cuello.

Desde los 8 hasta los 12 meses

Dejen que los niños se acerquen a mí.
Marcos 10:14

El bebé necesita un espacio seguro

A partir de esta etapa, los bebés despliegan mucha energía: se mueven, tocan y se llevan a la boca todo lo que está a su alcance y exploran el espacio a su alrededor. Así aprenden y crecen. Estas actividades requieren que los padres hagan algunos cambios en el entorno y en su estilo de vida.

Es responsabilidad de los adultos brindarles un espacio seguro, en lugar de tratar de que los niños incorporen medidas de seguridad a una edad tan temprana. Por ejemplo: retirar los objetos frágiles de los estantes bajos; mantener los medicamentos fuera de su alcance; tapar las tomas de corriente; colocar puertas de bebé o barreras para impedir el acceso a escaleras o habitaciones; colocar cierres de seguridad en cajones, puertas de armarios y en el inodoro.

A medida que el bebé se vuelve más activo y deambula por la casa, hay que indicarle qué puede y qué no puede hacer. Se le debe hablar con firmeza pero sin levantar la voz, de manera natural: «No, así no» o «No, eso no se toca» y proponerle otro objeto o actividad: ofrecerle un juguete, leerle un cuento o cantar una canción.

Cuando son tan pequeños, es más fácil y eficaz distraerlos o dirigir su atención hacia algo diferente que tratar de «enseñarles» qué deben hacer. Los gritos los asustan y sobresaltan.
Jamás se debe sacudirlos ni golpearlos.

La etapa de 1 a 2 años

Progresivamente, los niños se vuelven más independientes, comienzan a usar algunas palabras, a identificar personas y objetos por su nombre y quizá comiencen a probar los límites; tal vez se nieguen a comer o a dormir en el momento en que deben hacerlo y es probable que tengan rabietas. Además, es posible que muestren interés en aprender a usar el inodoro.

En todos estos aprendizajes, el desafío para los padres es encontrar el equilibrio justo entre estar atentos para ayudar a sus hijos a la hora de comer, dormir o usar el baño pero sin excederse en la supervisión.

Es tarea de madres, padres o cuidadores:

- ayudar a las niñas y niños a incorporar buenos hábitos de sueño y de alimentación;

- establecer un horario y una rutina regular para la siesta y para el descanso nocturno;

- promover un clima distendido y afectuoso durante las comidas, sabiendo que a esta edad pueden ser mañosos con la comida y sus gustos pueden ser muy variables, lo cual pone a prueba la paciencia de los padres.

Consejos útiles con relación a las comidas

- ofrecerles variedad de alimentos saludables;

- permitirles que coman solos, aunque se ensucien;

- dejarlos decidir cuánto comer. No exigirles que sigan comiendo; puede que estén satisfechos;

- permitirles ayudar en la cocina;

- los padres deben controlar su propia ansiedad y mantener la calma durante las comidas;

- si van a comer a un restaurante, llevar crayones y papel y algunos juguetes pequeños;

- no se le puede exigir a los pequeños que se queden sentados durante toda la hora de la comida.

La etapa de 2 a 3 años

Los niños necesitan adquirir la confianza en sí mismos que proviene de lograr resolver las situaciones que se les van presentando. Enseñarles la manera apropiada de actuar fortalece su autoestima.

Expectativas adecuadas para esta etapa

A esta edad puede esperarse que las niñas y niños:

- expresen qué quieren y cómo se sienten; discutan y negocien con los adultos;

- reconozcan cuando los adultos están hablando muy en serio;

- probablemente digan «No» queriendo decir «Sí»;

- enfrenten las dificultades de ir construyendo su propia personalidad;

- tengan la madurez necesaria para aprender a usar el inodoro. (Los padres no deben esperar grandes logros en muy poco tiempo).

Es tarea de madres, padres o cuidadores:

- poner límites de una manera clara y precisa;

- explicar qué quieren o esperan de los niños con palabras sencillas y concretas;

- sugerir una actividad alternativa cuando les impiden hacer algo que no está bien. Por ejemplo: no puede arrojar el camión de juguete, pero sí puede arrastrarlo por el piso;

- elogiar a la niña o al niño por lo que hacen bien, aunque no sea otra cosa que quedarse tranquilos y sentados;

- demostrarle a la niña o al niño lo mucho que los quieren levantándolos en brazos, abrazándolos y felicitándolos por sus logros.

Los berrinches

Bienaventurados los misericordiosos, porque ellos serán tratados con misericordia.
Mateo 5:7

Los berrinches o rabietas pueden ser naturales en niños y niñas de esta edad y responden a diversas razones: cansancio, incapacidad de autocontrol, sobreexcitación o hiperestimulación, o frustración por no conseguir lo que desean.

Recuerden que en la etapa de la primera infancia, especialmente entre los 2 y los 4 años, el niño o la niña aún no han desarrollado la capacidad de regular sus reacciones.

Estrategias para enfrentar los berrinches en público

- **Algunos niños no pueden lidiar bien con ambientes ruidosos y llenos de gente. Si es necesario, regrese a su casa o llévelo a un lugar tranquilo para descansar, almorzar, jugar.**

- **Manténgase lo más tranquilo posible. La gente a su alrededor lo va a entender.**

- **No le grite; no use expresiones duras o desagradables; no lo amenace con golpearlo o abandonarlo.**

- **Asegúrese de que el niño no pueda hacerse daño ni volcar o romper algo.**

- **Procure que esté en un espacio seguro y algo apartado. En el momento del berrinche, no sirve de nada hablar. Dele oportunidad de calmarse.**

Cómo ayudar a los niños en el aprendizaje del autocontrol

En primer lugar, los adultos deben tener presente que las niñas y niños aprenden mucho más a través del ejemplo que de las palabras. El autocontrol se va aprendiendo al observar el comportamiento de los adultos y de otras niñas y niños que los rodean.

Cuando los adultos perciben que la niña o el niño están experimentando emociones que no son de su agrado, deben tratar de evitar que llegue a la reacción explosiva ayudándolo a reconocer cómo se está sintiendo y por qué. De acuerdo con el momento y la situación, pueden preguntarle, por ejemplo: ¿Tienes miedo? ¿Estás triste? ¿Tienes sueño? ¿Tienes hambre? ¿Estás enojado? ¿Tienes ganas de llorar? ¿Quieres estar con tu mamá? Seguidamente, preguntarle qué pueden hacer para resolver el problema.

Otra opción recomendable es distraerlo con algo que le interese antes de que inicie un berrinche para conseguir algo que los adultos ya saben que no conseguirá.

Se debe hablar con la niña o niño, a solas, después de que se hayan calmado. Deben saber que también la mamá, el papá, los abuelos, etc., a veces se sienten frustrados o enojados cuando no pueden conseguir lo que desean. Pero también les debe quedar claro que nada lograrán con esa actitud. Es importante decirles que no les gustó la manera en que se comportaron, pero que eso no afecta su amor por ellos, que es incondicional.

Si los padres saben escuchar, los niños aprenderán a escuchar

Así que, todo lo que quieran que la gente haga con ustedes, eso mismo hagan ustedes con ellos, porque en estos se resumen la ley y los profetas.
Mateo 7:12

Tres pasos para una escucha atenta y activa

Reproducir lo que dice el niño o niña. Repetir o confirmar lo que han dicho, por ejemplo: «Tienes muchas ganas de jugar con Juan esta tarde».

Validar, es decir, darle valor a sus pensamientos, deseos o sentimientos. Por ejemplo: «Es lógico que quieras ir a jugar con tu amigo». Muy a menudo, los padres ridiculizamos o nos burlamos de los deseos o sentimientos de nuestros hijos, y eso es perjudicial.

Reconocer sus sentimientos, por ejemplo: «A ti te gusta mucho jugar con Juan porque sabes que se van a divertir».

El elemento clave es sentirse comprendido. Para cualquier persona, eso es más importante que tener razón o que estén de acuerdo con lo que dice. Los tres pasos sugeridos aseguran que la niña o niño se sientan escuchados y comprendidos.

Sin embargo, no se debe confundir comprensión con acuerdo o consentimiento. Son cosas bien diferentes. Siguiendo con el ejemplo del niño que quiere ir a jugar con su amigo, aun cuando los padres le digan que esa tarde no podrá ir a jugar, el niño sentirá que lo escuchan, lo entienden y se preocupan por él.

Darle **razones válidas**, en lugar de decir «Porque lo digo yo», hace que el niño sienta que sus deseos importan y tienen valor. A medida que los padres y madres pongan en práctica esta manera de escuchar, verán que su hijo o hija se sentirán comprendidos y, progresivamente, irán avanzando en la autodisciplina necesaria para aceptar que no siempre pueden conseguir lo que quieren.

Disciplina con amor y coherencia

Les voy a decir como quién es el que viene a mí, y oye mis palabras y las pone en práctica: Es como quien, al construir una casa, cava hondo y pone los cimientos sobre la roca. En caso de una inundación, si el río golpea con ímpetu la casa, no logra sacudirla porque está asentada sobre la roca.
Lucas 6: 47-48

La disciplina es enseñanza, no castigo; es guiar a los niños en el aprendizaje de tomar buenas decisiones, es enseñarles a respetarse a sí mismos y a los demás. Lograr una obediencia ciega no es disciplina.

Darles una buena educación a las niñas y niños implica ayudarlos a reconocer todo lo que hacen bien, a la vez que aprender de los errores.

Los padres y cuidadores que saben poner límites de manera correcta son aquellos que asumen la difícil tarea de ser coherentes, lo cual lleva tiempo y requiere paciencia, confianza en sí mismo y el pleno convencimiento de que amor con firmeza es algo bueno para los niños.

La coherencia ayuda a los niños a:

- crecer y desarrollarse como personas felices, sanas y con dominio propio;

- establecer sus propios límites y a aceptar el no;

- aumentar su autoestima;

- aprender la manera adecuada de lograr satisfacer sus necesidades;

- sentirse seguros y confiados.

La falta de coherencia les enseña a los niños a:

- manipular a los padres y enfrentar a la madre con el padre;

- discutir permanentemente;

- sentirse inseguros y sin guía parental;

- sentirse acosados y tratados de manera injusta.

Poner límites a partir de la relación acción-consecuencia

Las *consecuencias naturales* son las que derivan naturalmente de nuestras acciones. Por ejemplo, si llegamos tarde a la parada del autobús, el autobús cumplirá su horario y saldrá sin nosotros; si es invierno y salimos sin abrigo, sentiremos frío y tal vez nos resfriemos.

Las *consecuencias lógicas* resultan del incumplimiento de un acuerdo. Para los adultos, estas consecuencias pueden ser pagar multas, enfrentar una demanda judicial, perder un cliente, etc. En el caso de los niños, las consecuencias lógicas derivan de no cumplir un acuerdo familiar previamente conversado y aceptado. Por ejemplo, referirse a los padres o hermanos con palabras ofensivas tendrá consecuencias claramente entendidas y conocidas por todos.

Cómo funcionan los dos tipos de consecuencias en la educación de las niñas y niños

Las *consecuencias naturales* deben seguir su curso. Los padres deben dejar que los niños experimenten las consecuencias de sus actos. Por ejemplo: «Te has retrasado tanto con tus tareas que ahora los negocios están cerrados. No nos queda tiempo para ir a comprarte las zapatillas deportivas». El niño o la niña seguramente discutirán, pero los padres deben mantenerse firmes, y quedará claro que el plan frustrado será consecuencia de su propia acción.

Por otra parte, es posible acordar en familia las *consecuencias lógicas* de determinadas conductas. Por ejemplo, desde pequeños los niños y niñas pueden comprender y aceptar acuerdos tales como «quien quiere tener una mascota, debe ayudar a alimentarla» o «quien ensucia, limpia». Según la situación, la consecuencia puede ser una sanción, por ejemplo: «si siguen peleando por la *play station*, no jugarán por el resto del día» o «quien insulta queda afuera del juego». Las consecuencias lógicas deben ser razonables y conocidas y acordadas previamente, asimismo, deben estimular la sensibilidad hacia los sentimientos de los demás y apuntar a que se pueda reparar el daño hecho. Por ejemplo, si rayan o estropean un juguete de un amigo, además de pedir disculpas, tendrán que limpiarlo o conseguir ayuda para repararlo.

Una vez acordada, los padres deben asegurar que la consecuencia siempre se cumpla.

Para más información sobre cómo desarrollar esta habilidad, ver lecturas y sitios web recomendados al final de este folleto.

Una palabra sobre la disciplina

Ustedes, los padres, no exasperen a sus hijos, sino edúquenlos en la disciplina y la instrucción del Señor.
Efesios 6:4

La disciplina es una responsabilidad crucial para los padres. El Antiguo y el Nuevo Testamento la mencionan, y Jesús advirtió que nunca deberíamos ser piedra de tropiezo en la vida de un niño (Lucas 17:2). El saber escuchar junto con la práctica de poner límites de manera efectiva hacen que madres y padres cumplan un rol muy valioso en términos de ayudar a sus hijos a adquirir autocontrol y aprender a tomar decisiones acertadas.

Los buenos padres se arriesgan a que su hija o hijo periódicamente experimenten descontento o disconformidad cuando deban enfrentar las consecuencias de sus acciones. Pero esto no los preocupa porque saben que, a largo plazo, sus hijos ya adultos recordarán la puesta de límites como muestra del cuidado y responsabilidad de los padres. Eso les permitirá disfrutar de una relación familiar sólida que compensará largamente las luchas del pasado.

El testimonio de una madre sobre qué significa disciplinar

[...] Una crianza basada en guiar con firmeza y no en imponer castigos requiere que los padres, como el capitán de un barco, **estén atentos a los problemas que puedan sobrevenir y tomen medidas para prevenirlos**. Mis amigos, en cambio, seguían hablando entre sí o conmigo, sin prestar atención a lo que hacían sus hijos hasta que alguien se lastimaba, se armaba un gran desorden, rompían algo o la situación se volvía incontrolable. Entonces llegaban los gritos, las nalgadas, el llanto y otros incidentes lamentables que sin duda hubiera sido preferible evitar.

Teresa Whitehurst: *Jesus On Parenting: 10 Essential Principles That Will Transform Your Family*

El desarrollo de la conciencia en los niños

Los niños atraviesan diferentes etapas en el proceso de ir desarrollando su propia conciencia. Es importante saber qué se puede esperar en cada etapa para no imponerles exigencias desproporcionadas.

Primera etapa: 12 a 24 meses: Es como si la niña o el niño dijeran: «Quiero eso; lo voy a tomar». Los bebés no tienen noción de las consecuencias ni de los sentimientos de los demás.

Segunda etapa: 2 a 3 años: Es como si la niña o el niño dijeran: «Lo tomaría, pero mis padres estarían molestos conmigo». El niño ve a los padres como personas con poder, que le proporcionan todas las cosas buenas que él necesita, de modo que no quiere que se enojen.

Tercera etapa: 3 a 5 años: Es como si la niña o el niño dijeran: «Lo tomaría, pero mis padres se enterarán». El niño comienza a reflexionar sobre sus acciones y a calcular los riesgos.

Cuarta etapa: 6 a 7 años: Es como si la niña o el niño dijeran: «Lo tomaría, pero si mis padres se enteraran, no lo aprobarían», o tal vez, «Dios querría que hiciera algo diferente». El niño está incorporando elementos de autocontrol, tiene mayor conexión con los demás y comienza a reconocer y a darle importancia a cómo se sienten. En esta etapa, el niño quiere complacer a los adultos. Importante: *Los padres no deben aprovecharse de esta etapa, sino ayudar al niño a ir madurando hasta llegar al momento en que sus acciones sean guiadas por valores internos y no por el deseo de agradar a otros. En vez de enfatizar lo complacido o orgulloso que se sienten, los padres deben remarcar el orgullo y la alegría que el niño o niña deben sentir por haber actuado así.*

Quinta etapa: 8 a 11 años: Es como si la niña o el niño dijeran: «Lo tomaría, pero no me siento bien haciendo algo así». El niño ha desarrollado mecanismos de autocontrol, así como también valores morales basados en una sana conexión afectiva con sus padres y, a través de ellos, con la sociedad en general. Considera y tiene en cuenta los intereses ajenos además de los suyos.

La etapa de 3 a 11 años

Socialización y escolaridad: el ciclo del jardín de infantes y la escuela primaria

La manera en que los padres tratan a su hija o hijo determinará la manera en que ella o él tratarán a los padres. También determinará si, más adelante, al llegar a la adolescencia, los hijos estarán dispuestos a hablar abiertamente con los padres sobre temas importantes como la escuela, las drogas y el sexo.

Expectativas adecuadas para esta etapa

A esta edad puede esperarse que las niñas y niños:

- avancen en el dominio del lenguaje y en la comprensión de conceptos complejos;

- imiten los estados de ánimo de los padres, replicando maneras de actuar y actitudes;

- progresen en su capacidad de manejar sus sentimientos y, con ayuda, aprendan a tranquilizarse cuando se sientan alterados;

- negocien para obtener lo que desean;

- establezcan relaciones con otros niños y niñas de su edad;

- comiencen a preocuparse por «pertenecer» o «ser parte de» grupos de referencia y a seguir modas o tendencias;

- lleguen a tener amigas o amigos íntimos;

- progresivamente, se vean más influenciados por el mundo exterior y los medios de comunicación;

- aumente su necesidad de independencia a medida que crecen.

Es tarea de madres, padres o cuidadores:

Escuchar

- Tomar en serio lo que el niño o niña cuenten sobre la guardería o la escuela y averiguar qué sucedió exactamente. Esto no significa pasar por alto las consecuencias derivadas del comportamiento del niño o niña.

- Estar atentos a las cosas buenas que hacen los niños, sin necesidad de que ellos lo comenten, y decirles que lo notaron y lo valoran.

- Mostrarles su amor escuchándolos, estando cerca, apoyándolos y prestándoles atención.

Disciplinar

- Establecer límites con amor y coherencia.

- Supervisar cuánto tiempo pasan los niños y niñas frente al televisor, tablet, celular, etc., y a qué tipo de contenidos están expuestos.

- Escuchar la música que ellos escuchan y comentar las letras como una manera de intercambiar ideas y aprender.

- Recordar que las hijas e hijos aprenden constantemente de las actitudes, opciones y conductas de sus padres.

Compartir tiempo juntos

- Jugar con sus hijos, en sus propios términos, al menos quince minutos diariamente.

- Permitir que los niños ayuden con la preparación de la comida o con las tareas de la casa.

- Divertirse con sus hijos a fin de construir una relación abierta y disfrutable.

- Ayudarlos a reconocer la presencia de Dios en el mundo y en su vida.

La etapa de 12 a 15 años

Ustedes son la luz del mundo.
Mateo 5:14

Expectativas adecuadas para esta etapa

A esta edad puede esperarse que las y los adolescentes:

- discutan y cuestionen mucho más que antes; quieran conseguir mayor independencia; se sientan incómodos e inseguros debido a los cambios en su cuerpo, y que las relaciones con sus pares ejerzan una enorme influencia en su vida;

- se preocupen por ser «normales» y aceptados; experimenten un rápido crecimiento físico; maduren sexualmente; tengan altibajos emocionales, posiblemente por causas hormonales;

- cuestionen los valores de la familia, las reglas, y la autoridad.

Los adultos que han sido referentes durante la infancia siguen cumpliendo una función muy importante y, por lo tanto, deben:

- estar disponibles en las ocasiones esporádicas en que el o la adolescente requieran su atención;

- ejercitar aun más la escucha atenta a fin de mostrarse respetuosos de las diferencias entre adultos y adolescentes;

- pedir disculpas cuando se han equivocado o han juzgado precipitadamente;

- disponer semanalmente de algún tiempo para estar a solas con la hija o el hijo adolescente;

- preguntarles a diario cómo fue su jornada y mostrar interés en lo que dicen sin darles sermones;

- buscar los momentos de receptividad y apertura para dar consejos;

- ser claros y coherentes con respecto a las normas y los límites. Recordar que las normas son reglas permanentes, invariables, por ejemplo: el respeto; la honestidad; no lastimar ni lastimarse. Los límites, en cambio, son reglas transitorias que varían según la edad y las circunstancias, son negociables y se acuerdan en familia. Por ejemplo: avisar adónde va y a qué hora regresará, o acordar pautas para el uso de celulares y el acceso a internet.

No es fácil ser adolescente

El mayor entre ustedes tiene que hacerse como el menor; y el que manda tiene que actuar como el que sirve.
Lucas 22:26

Bienaventurados los pacificadores, porque ellos serán llamados hijos de Dios.
Mateo 5:9

Los padres que recuerdan cómo era su propia adolescencia son más comprensivos y actúan con más sabiduría. Reconocer que sus errores cuando adolescentes fueron parte de su aprendizaje los ayudará a tener una visión equilibrada en este tiempo potencialmente difícil para padres e hijos.

Los años de la adolescencia pueden ser una etapa disfrutable para los padres que ven en sus hijos el crecimiento y desarrollo de nuevas capacidades intelectuales y espirituales que anticipan la personalidad del adulto. Si la familia lo vive en un clima de respeto y comprensión, el tiempo compartido con los adolescentes será una maravillosa experiencia.

La etapa
de 15 a 18 años

Expectativas adecuadas para esta etapa

A esta edad puede esperarse que las y los adolescentes:

- tengan pensamiento e ideas propias y puedan discutir con argumentos;

- se involucren con sus pares; entablen relaciones amorosas;

- se propongan metas y se esfuercen por alcanzarlas;

- se interesen y preocupen por otras personas;

- se planteen decisiones con respecto a su vida y metas futuras;

- se rebelen contra los padres y que, hacia el final de esta etapa, esa rebelión se aplaque.

Es tarea de madres, padres o cuidadores:

Escuchar

- Tener un trato respetuoso hacia su hijo o hija aun en medio de los conflictos.

- Compartir las comidas en familia como una manera de fomentar un sentido de pertenencia y sostén.

- Encontrar el equilibrio entre respetar la privacidad de los hijos y la necesidad real de saber cómo están y qué les pasa. Se debe insistir en

que no respondan con evasivas y preocuparse por constatar que todo esté bien.

- Pedir disculpas si se equivocan o reaccionan de manera precipitada.

- Interesarse por conocer a las amistades de su hija o hijo adolescente.

- Estar al tanto de las actividades diarias de sus hijos.

- Tener presente que aún a esta edad siguen aprendiendo de la manera de vivir de los padres.

- Mostrarles que valoran y reconocen las cosas buenas que hacen y la ayuda que brindan a la familia.

Disciplinar

- Tratar de estar en casa después del horario escolar, o bien programar una rutina realista que le asegure al adolescente organización y estabilidad.

- Ser coherente con el cumplimiento de las consecuencias, de otro modo, la familia sentirá que las normas y los acuerdos no tienen valor.

- Adaptar las reglas de acuerdo con la edad y madurez. Es preciso darles más libertad a fin de promover capacidades de autocontrol y autocorrección.

- Reconocer que todos cometemos errores; el objetivo es aprender de ellos.

- Expresarle claramente «Te quiero», tanto con palabras como con acciones.

- Trabajar juntos para establecer reglas claras acerca de asuntos tales como la hora de regreso a casa, conductas apropiadas, asistencia a clase, estudio, uso de la tecnología, responsabilidades familiares, bebidas alcohólicas, sexualidad y medidas de seguridad en el tránsito, sea como conductor o como pasajero.

- **Los adolescentes necesitan límites para sentirse seguros y están mejor dispuestos a respetar reglas que ellos mismos hayan ayudado a establecer.**

Compartir tiempo juntos

- **Asistir a los eventos especiales en la vida de sus hijos: deportes, obras de teatro, recitales, ceremonia de graduación, etc.**

- **Animarlos a participar en acciones solidarias a través de una iglesia, una organización social o grupo barrial.**

- **Permitir que su hija o hijo los dirijan en uno de sus proyectos.**

- **Buscar y proponer actividades que padres e hijos disfruten por igual.**

Recomendaciones para acompañar la etapa de la adolescencia

Pero el fruto del Espíritu es amor, gozo, paz, paciencia, benignidad, bondad, fe, mansedumbre, templanza.
Gálatas 5:22-23

Bienaventurados los pacificadores, porque ellos serán llamados hijos de Dios.
Mateo 5:9

La adolescencia es un periodo de múltiples e intensos cambios, tanto físicos —cambios hormonales, crecimiento en altura, características corporales— como psíquicos y sociales: quieren ser adultos sin dejar de ser niños; viven la tensión entre dependencia e independencia de la familia; plantean preguntas y cuestionamientos sobre la fe y el sentido de la vida; se preocupan por la imagen corporal y por la relación con sus pares, y buscan construir una identidad propia. Todos estos cambios y ajustes implican una mayor vulnerabilidad que se manifiesta en estados de ánimo variables, necesidad de estar a solas (mayor intimidad) y dificultad para controlar impulsos, entre otros comportamientos.

La familia deberá estar especialmente atenta a las rutinas diarias, a los grupos de amigas y amigos y a los cambios en el estado de ánimo ya que, en la mayoría de los casos, la hija o hijo adolescente no les contará a los padres todo lo que le pasa, como solía hacerlo cuando niño. En esta etapa pueden surgir problemas en el área de la salud, por ejemplo, trastornos alimentarios como anorexia o bulimia, o pueden experimentar con drogas. En otros casos, algunos adolescentes asumen conductas de riesgo como conducir a alta velocidad o asociarse con pandillas. Ante cualquier situación que pone en riesgo el bienestar, la salud e incluso la vida del adolescente, los padres deben intervenir, aun cuando el hijo o la hija no quieran recibir ayuda.

En situaciones tan delicadas y que generan tanto temor es necesario redoblar la oración pidiéndole a Dios fortaleza y sabiduría para enfrentar y superar las dificultades. ¡Y no duden en consultar a un profesional de confianza!

A la vez, es necesario recordar que a pesar de todo el esfuerzo y dedicación de los padres por amar y guiar a sus hijos de la mejor manera posible, algunos jóvenes tal vez escojan un camino que sea motivo de preocupación y tristeza.

Así como Dios no nos abandona ni se da por vencido con nosotros, tampoco los padres deben darse por vencidos con una hija o hijo. Deben continuar mostrándole su amor incondicional y orando por ellos. Amar de manera incondicional no significa aprobar su mal comportamiento. Si les han enseñado principios cristianos, sabrán cuál es la posición de los padres sin necesidad de machacar sobre ello cada vez que se encuentran. Cultivar la paciencia es tan difícil como esencial en este tiempo.

Una actitud de rechazo o de castigo nunca los acercará ni los hará cambiar. Solo Dios y el amor de los padres podrán lograrlo.

Sugerencias para compartir tiempo en familia

El tiempo y las actividades compartidas en familia fortalecen los vínculos, dan sentido de pertenencia y permiten ir construyendo una memoria afectiva familiar que une y sostiene a la familia y a cada uno de sus miembros a través de los años.

A modo de ejemplo, sugerimos:

- **si no es posible compartir todas las comidas, pueden establecer un día a la semana para una cena o almuerzo familiar especial. Por ejemplo: comprar o cocinar algo diferente de lo habitual; comer en el patio, en el jardín o alrededor de un fogón, etc.**

- **elegir un lugar que a todos les guste y visitarlo juntos durante las vacaciones o en alguna fecha especial, a modo de pequeña tradición familiar.**

- **de acuerdo con las costumbres y cultura de cada contexto familiar, participar juntos en actividades especiales a lo largo del año: armar y remontar cometas en primavera (u otoño); hacer disfraces y adornos para fiestas especiales; participar en caminatas, carreras o bicicleteadas; etc.**

Tiempo compartido en la familia cristiana:

- **Orar juntos al compartir las comidas. Incluso los niños pequeños pueden aprender una oración muy sencilla por los alimentos y la familia.**

- **Ir juntos a la iglesia.**

- **Aprender juntos algún versículo o pasaje de la Escritura. Muchas familias tienen devocionales diarios o semanales que resultan una muy buena experiencia.**

- **Planificar en familia un proyecto de ayuda solidaria.**

- **Tener un momento de oración en familia a diario. Después de compartir algunos motivos, un miembro de la familia hace una oración. Todos deben tener la oportunidad de hacer la oración familiar.**

Invitación y desafío para la madre y el padre cristianos

Oren por sus hijos, para que se sientan seguros y confiados y para que tomen buenas decisiones.

Enséñenles a sus hijos sobre Jesús con su ejemplo, con su estilo de vida, con sus palabras y acciones cotidianas. La compasión, la capacidad de perdón, la disposición a compartir no se transmiten con discursos ni con una predicación sino con ejemplo de vida.

Hablen con alegría y gratitud del perfecto amor de Dios manifestado y revelado en la vida de Jesús, y cómo Jesús es el modelo de ser humano que se esfuerzan por alcanzar. Reconozcan que ustedes, como todas las demás personas, cometen errores en ese camino, pero Dios perdona y bendice todo esfuerzo del ser humano por construir un mundo mejor.

Sean también comprensivos y amables con ustedes mismos

Así que pidan, y se les dará. Busquen, y encontrarán. Llamen, y se les abrirá. Porque todo aquel que pide, recibe; y el que busca, encuentra; y al que llama, se le abre.
Lucas 11:9-10

Los bebés y los niños nos despiertan enorme ternura, pero también nos exasperan; a veces nos llenan de orgullo y otras, nos avergüenzan. Es tan grande su necesidad de amor y contención que, a veces, procuramos ser perfectos y nos sentimos mal cuando fallamos.

Sin embargo, lo esencial es poner la mira en la meta final: el crecimiento espiritual de los hijos a largo plazo y construir un vínculo fuerte y duradero con ellos. Tener esto en mente ayuda a evitar la obsesión por ser padres perfectos, olvidando que también madres y padres tienen necesidades propias.

Aunque es fácil dejarse atrapar por el sentido de urgencia: «¡Mi hijo tiene que portarse bien ya!», o de ansiedad: «Otra vez le grité. ¡Me va a odiar!», es preciso recordar que los hijos pequeños y adolescentes demandan un constante esfuerzo físico, intelectual y emocional de los padres. Por tanto, es necesario

«seleccionar las batallas» a fin de regular los niveles de estrés y el gasto de energía. Es imprescindible que los adultos puedan descansar, aflojar tensiones y distraerse. La sobrexigencia no es saludable ni efectiva; por el contrario, suele llevar a reacciones desmesuradas por cosas de poca importancia, fruto del agotamiento.

Al orar pidiendo la bendición de Dios, recuerden que todos, padres, madres, hijas e hijos son igualmente preciosos a los ojos de Dios. Cuando les dicen a sus hijos que Dios nunca pierde la paciencia con ellos, recuerden que esto también se aplica a la relación de Dios con el padre y la madre. Oren pidiendo dirección y sabiduría, en la confianza de que no están solos.

Biobliografía recomendada:

- ***Crecer con amor***. Alicia Casas y Alberto Vázquez. Programa Claves-JPC Uruguay 2019

- ***Entre los límites y los derechos. Disciplina de la niñez.*** Alexander Cabezas Mora. Certeza Argentina, Movimiento cristiano juntos con la niñez. Bs As-San Jose. 2012

- ***Escuela para Padres. Guía práctica para prevenir trastornos de conducta en los hijos***. Malena Matheos de Bachor. Mujeres bautistas argentinas.

- ***Familias saludables libres de violencia***. José Vinces Rodríguez - Fundación Paz y Esperanza Ecuador. **2016** http://institutopaz.net/sistema/data/files/familias-saludables_estudio-biblico.pdf

- ***Fundamentos Bíblicos-Teológicos del matrimonio y la familia.*** Jorge Maldonado. Libros Desafío. 1995.

- ***¿Golpear para educar? El castigo corporal. Una re-lectura del libro de Proverbios***. Harold Segura C. Movimiento juntos con la niñez y juventud. 2010-https://movimientonj.org/recursos/material/

- ***Iglesia, Biblia y Familia. Fundamentos bíblicos y teológicos para el establecimiento de relaciones familiares saludables y libres de violencia***. Campaña Pacto 2021 Familias libres de violencia. Ediciones Paz y Esperanza. Lima 2017.

- ***Seamos como niños. Pensar teológicamente desde la niñez latinoamericana***. Kasberg, N.; Alvarado, R.; Sanchez, E.; Enns, M. COLECCIÓN FTL número 27. Kairos Bs As 2007.

- ***Ternura, la revolución pendiente. Esbozos pastorales para una teología de la ternura.*** Harold Segura y Anna Christina Grellert. World Vision.Editorial Clie 2018.

Recursos producidos por el programa Claves-JPC Uruguay

Jugando nos fortalecemos para enfrentar situaciones difíciles: contiene los materiales didácticos para desarrollar tres programas de prevención de violencia sexual, a través de talleres con niños y niñas de 4 a 7 años, 8 a 11 años y adolescentes.

Aquí Buentrato: busca ayudar a las familias a encontrarse y, en clave de juego, descubrir y pensar juntos las historias familiares, conocerse mejor, desarrollar habilidades de comunicación, hallar nuevas formas de expresar afecto, aprender a valorar el aporte único de cada uno de los integrantes, construyendo día a día, la cultura del buentrato.

Contigo Confianza: juego de mesa para que adolescentes, jóvenes y adultos, puedan identificar, activar e interactuar con su red de seguridad personal, de modo que constituya una herramienta de protección y fortalecimiento de sus derechos

Antivirus B.T.: en un ambiente participativo, jugando, se quiere promover sensibilidades y habilidades cognitivas, sociales y morales para la buena convivencia. Como la tolerancia, la amabilidad, la empatía, la solidaridad, la búsqueda de la justicia, el autocontrol, la resolución pacífica de problemas, etc.

LOTELÍMITES: destinado a educadores y educadoras que desean trabajar con padres y madres para ayudarlos en el aprendizaje de la puesta de límites no violentos con sus hijos e hijas. Una oportunidad de aprender, dialogar y confrontar ideas, jugando.

PaS.O.S. y MaS.O.S.: material destinado a educadores y educadoras que desean trabajar con padres y madres u otros referentes adultos para ayudarlos a ser mejores educadores de la sexualidad de sus hijos. La carpeta contiene dos grandes juegos, para utilizar en diferentes instancias.

Ser y Conocer: material de apoyo para la educación de la sexualidad. Juego de doce láminas que exponen temas como: concepción, parto, amamantamiento, ciclo menstrual, cambios corporales, métodos anticonceptivos, cuerpo de niña y niño (rompecabezas, 4 láminas), cuerpo de adolescentes y adultos (2 láminas).

Manos al Buentrato: dirigido a adolescentes y jóvenes que lideran grupos y desean promover la cultura del buentrato en la vida cotidiana. Ideas y herramientas útiles para llevarlo a cabo con niños, niñas, con gente de su edad y con personas adultas.

Derecho al buentrato: manual de talleres para niñas, niños y adolescentes. Através de talleres, busca promover en los niños, niñas y adolescentes capacidades de defensa de sus derechos y de protección frente al maltrato.

Aprender a educar para la paz: capacitación de educadores en educación para la paz. 13 talleres en temáticas como: derechos humanos, no violencia activa, violencias, desarme, pacifismo, entre otros.

Bienaventurada la niñez: cuatro encuentros con el propósito de que niños y maestros, juntos, descubran y compartan la maravillosa noticia de que cada niño y niña es imagen plena de Dios.

Pasaporti: Manual de capacitación para que facilitadores de organizaciones educativas realicen talleres con adultos que están en contacto con niños, niñas y adolescentes. Busca promover capacidades de protección frente al maltrato y de compromiso con el buentrato.

Crecer con amor: manual de capacitación para que facilitadores de las iglesias, escuelas u organizaciones cristianas